DEUX

CHARTES DAUPHINOISES

INÉDITES DU XIᴱ SIÈCLE

PUBLIÉES PAR

J. ROMAN

Correspondant du Ministère de l'Instruction publique.

GRENOBLE
IMPRIMERIE DE F. ALLIER PÈRE ET FILS
Grande-Rue, 8
—
1886

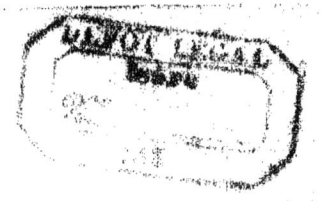

DEUX

CHARTES DAUPHINOISES

INÉDITES DU XIᵉ SIÈCLE

EXTRAIT DU BULLETIN DE L'ACADÉMIE DELPHINALE

3º SÉRIE. — T. XX.

DEUX

CHARTES DAUPHINOISES

INÉDITES DU XIᴱ SIÈCLE

PUBLIÉES PAR

J. ROMAN

Correspondant du Ministère de l'Instruction publique.

GRENOBLE

IMPRIMERIE DE F. ALLIER PÈRE ET FILS

Grande-Rue, 8

1886

DEUX CHARTES DAUPHINOISES

INÉDITES DU XIe SIÈCLE

PUBLIÉES PAR

J. ROMAN

Correspondant du Ministère de l'Instruction publique.

IL y a peu de mois, je travaillais dans les archives des Bouches-du-Rhône, y rédigeant, pour un ouvrage que je prépare, l'inventaire des actes relatifs à l'histoire du Haut-Dauphiné qui sont conservés dans ce riche dépôt. Mes recherches ont été fructueuses ; guidé par M. Blancard, archiviste des Bouches-du-Rhône, qui, comme tous les vrais savants, met avec la plus grande bienveillance les richesses qui lui sont confiées à la disposition de ceux qui travaillent, j'ai pu grossir mon inventaire d'environ cinq cents actes dont plusieurs d'une grande importance. Deux d'entre eux surtout méritent, à cause de leur intérêt spécial, une mention particulière ; c'est ce qui m'a engagé à les réunir ici dans une même publication.

I.

Le premier est contenu dans un cahier de quelques feuilles de parchemin, coté B, 1,373, écrit au XVIe siècle et composé exclusivement d'actes relatifs à l'église de Gap. J'avais terminé l'examen de ce volume et j'allais le mettre de côté, lorsqu'en jetant un coup d'œil sur l'intérieur de la couverture, mon attention fut attirée par le nom de l'archevêque d'Embrun Ismidon; j'examinai le manuscrit de plus près et aperçus à côté du nom d'Ismidon celui de Rodolphe, évêque de Gap. La présence de ces deux prélats me démontrant que j'avais en main un document du XIe siècle, je le lus avec plus d'attention et en pris copie. Cet acte est transcrit sur le recto et le verso de la feuille de parchemin qui sert de couverture au cahier ; c'est une copie très correcte du XIVe siècle. Le recto est généralement assez lisible, néanmoins il s'est produit dans le parchemin un pli qui a amené la destruction de quelques mots ; l'état du verso est bien différent, un frottement séculaire ayant presque absolument fait disparaître toute trace d'écriture. Heureusement le parchemin était d'excellente qualité et l'encre très caustique ; elle avait mordu si profondément et s'était incrustée dans l'épaisseur du parchemin de telle sorte, qu'en disparaissant les lettres ont laissé leur moulage en creux, et que l'on peut arriver à en déchiffrer une partie en y faisant tomber la lumière dans un certain angle. Je n'ai pas besoin de dire quelle difficulté présente une pareille lecture et quelle fatigue en est la conséquence. Voici le texte de l'acte lui-même :

In nomine sancte et individue Trinitatis. Qualiter et quo ordine discordia que erat inter episcopum Radulphum et comitem W. Bertrandi[1], Vapincensis civitatis et ejus territorii, mediante archiepiscopo Ebredunensi nomine Ismidone, et P. de Misone[2], sopitâ fuerit, in perpetua rei memoria, in scriptis redigere proposuimus, set quoniam omnia que, Deo mediante, summunt exordium, merito effectum et firmitatem sortiri debent, ideo partes que uniquique ex divisione provenerunt enarrare incipiamus. Notum sit omnibus hominibus, medietatem civitatis que vocatur Vapincum, secundum hoc quod muros clauditur, quam comes Provincie sibi retinuit, cum aliam medietatem ecclesie Sancte Marie donavit[3], sic fore divisam inter comitem et episcopum : Quod in quacumque domo comes albergum recipit in eadem albergum episcopus recipere debet, cum in omni domo hujus medietatis

---

[1] Guillaume-Bertrand était comte de Provence avec son frère Geoffroy ; il parait avoir surtout exercé son autorité sur la partie de la Provence située sur la rive droite de la Durance. Il était fils de Bertrand et de Gerberge, arrière-petite-fille de Bérenger, roi d'Italie, et il disparaît de l'histoire vers 1050.

[2] La famille de Mison était puissante ; elle était alliée aux comtes de Provence et aux vicomtes de Gap ; nous trouvons en 1030 Ysoard de Mison, en 1058 Isnard de Mison, en 1150 Bertrand de Mison (Cart. de Saint-Victor, t. II, nos 712, 694 et 966.), Girbert de Mison, 1134-1137 (Chartes de Durbon), Pierre de Mison, 1177 (Bouches-du-Rhône, Joucas, 625), etc.

[3] Ce mot *donavit* ne doit pas être pris au pied de la lettre, il indique un partage et non une donation. Il est employé dans ce sens, quelques lignes plus bas, à propos de la maison d'Acard Cordilii.

albergum recipiat, excepta domo illa que vocatur Grangia episcopalis, quem episcopus sibi retinet immunem ab omni servicio (loco cujus comes retinet sibi domus Malegracie[1]), et excepta domo Acardi Cordilii, quam communiter ambo sibi in feudo donant. Quicquid vero ex venditionibus domorum partis predicte ad dominum pertinere debet, in parte comitis assignatum est. Item lesde universe que in parte predicta capiuntur, parti comitis assignate sunt; que vero in parte ecclesie capiuntur, ad ecclesiam pertinent. Hoc autem communi consensu canonicorum atque episcopi dare attributum est, ut in lesdis que capiuntur in hac medietate ab hora nona diei veneris usque ad primam horam dominice diei, medietas sit comitis et medietas remaneat ecclesie. Insuper omnis lisda que capitur in illis octo diebus in quibus feria constituta est in nativitate beate Marie[2], ad ecclesiam pertinet. Item omnes redditus qui ex fluminibus proveniunt parti comitis applicantur. Loco autem istarum rerum quas in parte comitis assignavimus, constituimus episcopum habere justiciam super omnes homines comitis sive in civitate sive in ejus territorio reperientur[3]. Insuper si de cetero eveniet quod baraila[4] fiat seu in civitate seu in ejus territorio, in manu episcopi firmari debet, et ipse debet ejus esse dominus et defensor. Qualiter civitatem inter se diviserunt ediximus; nunc autem in scriptis redigamus partes que unicuique ex territorio assi-

---

[1] Ce nom de lieu, comme du reste la plupart de ceux qui paraissent dans cette charte, n'est plus représenté sur le cadastre de la ville de Gap.

[2] Le 8 septembre. La mention d'une foire de huit jours, en 1044, est des plus intéressantes ; on trouve peu de foires déjà constituées à cette époque reculée.

[3] Jusqu'à la fin du XVe siècle l'évêque de Gap conserva ce droit précieux ; en 1406, il écrivait encore : *nos qui, favente Dei gratia, in civitate et tota terra nostra episcopali Vapincesii, plenum obtinemus dominium* (Arch. de l'Isère, B. 3,008).

[4] *Baraila*, maison forte.

gnate sunt. In parte comitis assignata sunt hec : Vilarius Gastaudencs, mansus Aloerius, vilarius Giraudencs ; item nemus quod est constitutum sub ecclesia sancti Mameti[1]; item mansus qui cognominatur Campaiscz ; item mansus Nabella; item mansus Descaldasol; item mansus Emanellus[2]; item dimidius mansus in territorio quod vocatur Semolaz ; item mansus.......... de Malecumba usque ad cumbam Silvie[3]; item mansus de Ca....lla; item condamina illa que est in plano del Olmo. In parte autem episcopi hec contenta sunt : vilarius Raimonds ; item mansus Jaulenis ; item in territorio Semolaz unus........ et dimidia ; vilarius Lomez ; item vilarius Cocquerius ; vilarius Laufin..........; item mansus Vigerius ; mansus Fancanaz[4]; item mansus.... .....; item nemus à Malecumba usque ad cumbam Ferinam ; feudum et majus quod cognominatur feudum comitale cum omnibus suis pertinentiis et cum suis omnibus rebus in hac divisione nominatis, hoc ideo quod...... illis etiam omnibus negociis tam diu morari non........ donec omnium........ nostre.......... integre fieret divisio. Hanc vero divisionem [juraverunt comitis] mandato Ricavus de Faudone......... Malusvicinus. Episcopus vero super et de sua parte fecit jurare Artaudum de Podio se hanc divisionem firmam tenere .... P. Odonis, Ste. Acardi et P. Acardi.......... divisionem.......... insuper unus ab altero penam........

---

[1] Aujourd'hui *Saint-Mains ;* colline située auprès de Gap et au sommet de laquelle il existe une chapelle qui fut, au XIIᵉ siècle, le siège d'un prieuré appartenant à Lérins.

[2] Peut-être le quartier du territoire de Gap nommé actuellement *les Manes.*

[3] *Semolas, Malecombe,* quartier et torrent qui portent encore ces noms. La *Cumba Silvie* est peut-être le vallon boisé sur lequel est jeté le hardi viaduc de la Selle.

[4] Ce quartier est peut-être le même qui porte aujourd'hui le nom de *Fangerod.*

jam dictam divisionem vellet infringere hec.......... illa
.... hanc divisionem. Actum Cat[uricis]..........
indictione xij.......... Signum.......... Signum..........
Signum.......... Signum..........[1].

Quelle est la date de cette charte qui porte pour seule indication chronologique celle de la xiie indiction? Feraud, évêque de Gap, prédécesseur de Rodolphe, gouvernait encore cette église en 1040; Guinervinarius, successeur d'Ismidon sur le siège d'Embrun, en était certainement archevêque en 1054; c'est donc entre ces deux dates 1040 et 1054 que notre charte a été rédigée. Or, la seule année 1044 dans ce court intervalle est marquée de la xiie indiction; c'est donc la date indiscutable que nous devons donner à notre document.

Quelle était, à cette époque, la situation de l'ancien royaume de Bourgogne? Depuis douze ans Rodolphe III, dernier roi de cette contrée, était mort laissant son héritage à Conrad le Salique; mais toute l'énergie de cet empereur s'était dépensée à faire une expédition dans le nord de la Suisse et à faire couronner en 1038 son fils Henri le Noir comme roi de Bourgogne. L'autorité de ces princes était précaire, partout de petites souverainetés indépendantes se constituaient, partout les comtes et les évêques portaient la main sur les droits régaliens et les revenus du fisc; aucune de ces usurpations n'avait encore été légitimée par des concessions impériales. Là où le comte n'avait pas de concurrent en face de lui, il n'éprouvait nulle difficulté à s'emparer de tout le pouvoir aussi bien

---

[1] A la suite se devinent six lignes de noms propres effacés, avec le mot *signum* plusieurs fois répété.

que de tout le domaine royal, quitte à récompenser par des constitutions de fiefs la noblesse qui l'aidait et l'approuvait; mais dans les villes épiscopales la situation était toute autre. Le comte et l'évêque se jetant sur les dépouilles de leur ancien maître avec une égale avidité, un état de lutte acharnée ne tarda pas à se produire entre les deux usurpateurs.

Notre charte éclaire de la lumière la plus éclatante ce qui se passa à Gap à cette occasion ; la scène est facile à reconstituer. Rodolphe III meurt le 6 septembre 1032, l'évêque et le comte de Provence s'emparent des revenus royaux et des droits régaliens, mais chacun veut tout prendre et tout garder, de là une période de lutte et de violence qui prend fin au bout de douze ans seulement, grâce à l'intervention de deux amis des parties.

Sur quelles bases a lieu cette transaction? La ville de Gap est divisée en deux parts; le comte Guillaume-Bertrand se réserve la ville forte, celle qui est entourée de murailles, l'autre appartiendra à l'évêque. Le droit d'*alberge* ou de logement chez le vassal pendant un temps déterminé est également partagé entre les deux contractants. Le comte se réserve le droit de *lods* ou de mutation sur les immeubles vendus ; le droit de *leyde* ou de marché est partagé entre les deux seigneurs, cependant le comte percevra les trois quarts de ce droit depuis le vendredi jusqu'au dimanche, c'est-à-dire probablement pendant les jours de marché ; l'évêque, par compensation se réserve exclusivement ce même droit pendant les huit jours que dure la foire de la Nativité (8 septembre). Le comte acquiert tous les revenus perçus sur les eaux courantes nommés plus tard *rivérages*. L'évêque aura le droit absolu de justice sur Gap et son territoire, et la suzeraineté de toutes les maisons fortes qui pourront y être construites dans l'avenir. Enfin le territoire de Gap est divisé par égales parts entre les deux contractants.

Tel est le résumé de cet acte important, passé à Chorges, dans le diocèse d'Embrun.

La division paraît équitable, et les deux usurpateurs montrent un certain esprit de justice dans le partage de ce qui ne leur appartenait ni à l'un ni à l'autre.

On aura remarqué sans doute avec quelle affectation ils emploient constamment le mot *donare; communiter ambo in fundo sibi donant..... dare attributum est.... aliam medietatem donavit*, soit qu'il s'agisse de l'évêque ou du comte, preuve bien certaine que leurs droits étaient égaux, c'est-à-dire également nuls.

Que faut-il conclure de cet acte, le seul de cette nature qui jusqu'à ce jour ait été retrouvé pour nos contrées ? En premier lieu que la légende de la ville de Gap donnée à son évêque par le comte de Provence le 30 décembre (3 des calendes de janvier) 986, à la suite de l'expulsion des Sarrasins[1], est une fable mise en circulation par les deux pouvoirs intéressés, destinée à pallier leur usurpation et à jeter sur l'origine de leur autorité un voile officieux.

En second lieu que ce ne fut point, ainsi que M. de Terrebasse l'avait déjà entrevu, au X° siècle, mais au XI° seulement, que la disparition de la dynastie des rois de Bourgogne et l'éloignement de l'empereur permirent aux

---

[1] Dans mon mémoire sur l'*Origine des Églises de Gap* (Grenoble, Allier, 1881), j'ai donné tous les textes relatifs à cette prétendue donation, aucun n'est antérieur au XV° siècle.

comtes et aux évêques Bourguignons de consommer leur usurpation, peut-être sourdement commencée auparavant.

En troisième lieu, que si les invasions sarrasines du IX⁰ et du X⁰ siècles ont contribué à favoriser le développement des petites souverainetés qui morcelèrent le royaume de Bourgogne, en affaiblissant le prestige royal, en habituant les populations à pourvoir elles-mêmes à leur sûreté, en mettant enfin en lumière quelques vigoureuses races féodales autour desquelles les peuples prirent l'habitude de se serrer, elles n'en furent pas la cause immédiate, et ces petits états taillés dans le grand, acquirent leur véritable indépendance, leur développement complet, et possédèrent les droits régaliens et les revenus du fisc, après la mort seulement du dernier représentant de la dynastie bourguignonne. Je crois que les invasions sarrasines ont été pour les princes un moyen commode de cacher l'origine de leur pouvoir, et pour les historiens une hypothèse ingénieuse à l'aide de laquelle ils trouvaient une explication à des événements dont ils ne comprenaient ni la cause ni la portée.

Cette charte nous apprend, et c'est à mon sens le point capital, que personne ne donna la ville de Gap à ses évêques, qu'ils s'en emparèrent d'un commun accord avec le comte de Provence ; ils trouvèrent le pouvoir par terre et le ramassèrent, ce qui est au demeurant l'un des moyens les moins malhonnêtes de le prendre. Procédant par assimilation, nous pouvons penser que ce qui s'est passé à Gap s'est passé dans toutes les villes épiscopales du Dauphiné, à Grenoble, à Embrun, etc., d'une manière à peu près équivalente. Ainsi tombe enfin devant un document nouveau l'autorité du trop fameux préambule du cartulaire de saint Hugues, dont la fausseté historique avait été déjà si victorieusement démontrée par MM. Fauché-Prunelle, Gariel et de Terrebasse.

Les comtes de Provence n'étaient, avant l'acte de 1044, que les lieutenants des rois de Bourgogne et une douteuse hérédité les distinguait seule des autres magistrats royaux; à partir de 1044, ils passent du second rang au premier et se choisissent, pour les évêchés de Gap et d'Embrun, des lieutenants chargés de remplir, sous leurs ordres, les fonctions qu'eux-mêmes remplissaient sous ceux des rois de Bourgogne. Cette considération explique et justifie la création des vicomtes de Gap, gouverneurs de l'Embrunais et du Gapençais, et dont le premier, coïncidence singulière, nous est connu par une charte de 1045[1]. Pierre, vicomte de Gap en 1045, paraît dans des actes antérieurs, en 1030, par exemple[2], mais sous le simple titre de Pierre, fils d'Isoard, car alors il n'est pas encore vicomte. Isoard, son père, nous est connu par des actes de 1020 et 1030[3], il ne porte pas non plus alors le titre de vicomte. Il n'y avait aucun vicomte à Gap, à cette époque ; leur création date seulement de 1044, c'est-à-dire de l'année où, du second rang, les comtes de Provence passèrent au premier, par l'usurpation des droits régaliens.

Voilà, en quelques mots, ce que nous apprend notre charte de 1044.

---

[1] Cart. de Saint-Victor, t. II, n° 691.
[2] *Ibid.*, n° 713.
[3] *Ibid.*, n°ˢ 713 et 1057.

II.

La deuxième charte est dans un état de conservation tout à fait remarquable; l'original est coté B, 276. Quoique signalée depuis longtemps dans le premier volume de l'*Inventaire sommaire des Bouches-du-Rhône*, par M. Blancard[1], elle est encore inédite. M. de Terrebasse lui-même, dont les recherches sur l'histoire et la généalogie des Dauphins de la première race ont été si consciencieuses, n'a pas connu son existence. Dire qu'elle n'est autre chose que l'acte de mariage de Guigues le Gras, comte d'Albon, c'est en signaler toute la valeur. Voici d'abord le texte de ce document :

Dum conditor mundi ex latere Ade dormientis costam unam tulit, eam que edificavit in mulierem, pro certo voluit ut unusquisque vir legitimam uteretur uxore[2]. Ipse enim dominus noster Iesus Christus ad nuptias adesse dignatus est, easque sanctificavit, aquamque in vinum mutavit. In Genesi, ipso precipiente, legimus : Derelinquet homo patrem et matrem et adherebit sibi uxori et erunt duo in carne una. Et apostolus : Viri diligite uxores sicut et Christus œcclesiam. Quorum dictorum exemplis edoctus, [e]go Wigo volo te conubio meo adjungi, atque de rebus mee proprietatis honorari

---

[1] Cette publication remonte à 1865.

[2] Notre charte contient plusieurs fautes de latin assez grossières, que le lecteur reconnaîtra aisément sans que j'aie besoin de les souligner.

ac dotari. In primis etiam dono tibi sponse mee nomine Agnetis, in sponsalitio sive in dotalitio, castellum Albionem[1] cum appenditiis suis, et Moratum[2] cum appenditiis suis, et Vallem[3] cum appenditiis suis, et villam Sancti Donati[4] cum mandato suo, et totum que ego habeo in comitatu Viennensis, sive in episcopatu prenominato, de alodio sive pro benefitio, ego et omnes pro me, preter castellum Clariacum[5] et honorem Adoni[6], et Cerviam[7] et Cabrerie[8]. Et etiam dono tibi castellos qui sunt in episcopatu Gratianopolitanensis quos nomina[n]t Curnilonem[9], et Varseam[10] atque Auriolum[11], cum

---

[1] *Albionem*, Albon (canton de Saint-Vallier, Drôme); c'est de cette terre que les Dauphins ont pris le titre de comtes d'Albon qu'ils ont porté jusqu'en 1349.

[2] *Moratum*, Moras (canton du Grand-Serre, Drôme).

[3] *Vallis*, fief situé dans la Galaure et à présent représenté par les villages de Lavals, Notre-Dame-de-Lavals et Saint-Uze-en-Vals (canton de Saint-Vallier (Drôme). Je dois ce renseignement à M. Pilot de Thorey.

[4] *Sanctus-Donatus*, Saint-Donat (chef-lieu de canton, arrondissement de Valence, Drôme). Cette localité est connue par le prétendu séjour qu'y firent les évêques de Grenoble au X° siècle.

[5] *Clariacum*, Clérieux (canton de Romans, Drôme).

[6] Il est impossible de préciser de quel fief il est question sous ce nom, qui est celui de son possesseur.

[7] *Cervia*, Serves (canton de Tain, Drôme).

[8] *Cabreria*, Chevrières (canton de Saint-Marcellin, Isère).

[9] *Curnilio*, Cornillon-en-Trièves (canton de Mens, Isère). S'agit-il de Cornillon-en-Trièves ou de Cornillon près de Grenoble ? Si l'on s'en rapporte uniquement aux termes de l'acte, il s'agit du second, car seul il faisait partie de l'évêché de Grenoble, l'autre étant de celui de Die. Mais d'un autre côté, il est question dans la même ligne d'Oriol, hameau de Cornillon-en-Trièves, et les indications de notre charte ne sont pas toujours absolument exactes, puisque à la ligne suivante Briançon, qui faisait certainement partie de l'évêché d'Embrun, paraît dépendre de celui de Grenoble.

[10] *Varsea*, Varces (canton de Vif, Isère).

[11] *Auriolum*, Oriol (hameau, commune de Cornillon-en-Trièves, Isère).

omnibus apendiciis eorum, et castrum Bricantiensem[1] cum mandamentum suum, et tertiam partem de placitis meis[2]. Hec omnia superscripta tibi dono in vita tua, ut habeas, teneas, possideas. Post tuum discessum ad filios qui de me & te creati fuerint remaneat. S. Wigonis comitis qui hanc cartam fieri jussit, manu sua firmat. S. Pontii, episcopi. S. Gu[i]fredi. S. Silvio[nis de] Ornaceu. S. Malleni de Varaceu. S. Adonii de Auriatico[3]. S. Umberti Pelusii[4]. S. Hectoris[5]. S. Bermundi. S. Rainardi Amati. S. Sichario Salomoni. S. Guitardi Lupi. S. Armanni Tonsi[6]. VI idus maii, luna XX^{ma} VI^a, regnante Henrico rege. Raino dictante, Geraldo scribente.

Quelle est la date de cette charte? Sa recherche présente moins de difficulté qu'on ne serait tenté de le croire au premier abord. Pons, évêque de Grenoble, est l'un des témoins de cet acte ; or nous savons qu'Artaud son prédécesseur, siégeait encore en 1058 et que lui-même fut excommunié et dépouillé de l'épiscopat en 1076. C'est donc entre ces deux dates extrêmes que se circonscrit celle de notre charte.

---

[1] *Bricantiense castrum*, Briançon (chef-lieu d'arrondissement, Hautes-Alpes).

[2] *Placitum*, revenus provenant du droit de justice.

[3] *Ado de Auriatico ;* un Ado de Auriatico paraît dans une charte du cartulaire de Domaine (n° 115) ; peut-être est-il un des ancêtres de la famille Allemand, d'Uriage ?

[4] Un *Pelusius*, sans autre prénom, paraît dans le même cartulaire (n° 166). Peut-être pourrait-on voir dans ces deux personnages les aïeux de la famille du Pelloux (*Pilosus*).

[5] Le nom d'Hector était porté à la même époque par Hector de Cornillon en 1060 (Cart. de Domaine, n° 6) et Hector de Sassenage en 1079 (Terrebasse, p. 65).

[6] Un *Armannus* paraît dans la même charte de 1079, à côté d'Hector de Sassenage.

Au surplus, le titre de comte que porte le Guigues qui épouse Agnès, la souveraineté qu'il exerce sur Albon, une partie du Graisivaudan, sur Briançon, etc., démontrent que ce personnage est bien le comte d'Albon, alors régnant, et non un personnage de sa famille, son fils ou son frère, par exemple, qui n'aurait pu usurper le titre de comte.

Quels sont les comtes d'Albon qui ont régné dans l'intervalle de 1058 à 1076 ? Deux seulement : Guigues le Vieux qu'une charte du cartulaire d'Oulx nous montre vivant encore, quoique fort âgé, en 1063[1], et son fils Guigues le Gras, qui mourut, probablement, dans le château de Briançon, le 19 janvier 1080[2]. Guigues le Vieux était fort âgé quand il mourut, car, en 1034, il avait deux fils qui n'étaient point des enfants[3] ; en outre, il professa dans les dernières années de sa vie, une dévotion austère et se retira loin du monde, dans un couvent de l'ordre de Cluny[4]. Je crois donc que l'on peut écarter l'hypothèse d'un mariage de ce vieillard, à la veille de descendre au tombeau, et comme il vivait encore en 1063, cela resserre la date à trouver entre 1063 et 1076.

Dans ces conditions, le problème n'offre plus aucune difficulté et il suffit de chercher dans laquelle de ces années, le 10 mai (6 des ides de mai) coïncida avec le vingt-sixième jour de la lune, c'est-à-dire dans laquelle le premier jour d'une nouvelle lune tomba le 15 avril.

---

[1] Cart. d'Oulx, p. 135. M. de Terrebasse propose, avec assez de vraisemblance, de corriger la date de 1053, donnée par ce cartulaire, en celle de 1063.

Terrebasse, *Notice sur les Dauphins de Viennois*, p. 69.

[3] *Ibid.*, p. 42.

Ibid., p. 59.

Dans la période comprise entre 1063 et 1076, l'année 1070 est la seule qui présente cette coïncidence ; notre charte a donc été rédigée en 1070.

Guigues, comte d'Albon, fils de Guigues le Gras, se qualifie, dans plusieurs chartes, de fils de Petronille[1], son père s'était donc marié deux fois, et sa première femme fut certainement Petronille et non Agnès, car son fils Guigues, en montant sur le trône, en 1080, ne paraît pas être en tutelle, et il y eût été s'il était né d'un mariage contracté après 1070 seulement. Il est même probable que Guigues le Gras n'eut aucun enfant de son second mariage, du moins d'enfant lui ayant survécu, puisque malgré les stipulations solennelles de son contrat de mariage, qui attribuent aux enfants d'Agnès une part importante de ses biens, aucun partage de souveraineté ne paraît avoir eu lieu, dans sa maison, après sa mort.

A quelle famille appartenait cette dame Agnès ? M. Blancard, dans son *Inventaire sommaire*, propose d'y voir une fille du comte de Provence. Cette hypothèse, quoique dénuée de preuves directes, est très admissible ; elle s'appuie uniquement sur l'existence, dans les archives des comtes de Provence, de la charte que je publie. Il est à présumer, en effet, que devenue veuve, Agnès préféra se retirer dans la famille de son père, plutôt que de demeurer auprès des enfants de son mari, nés d'un premier mariage ; elle emporta certainement, avec elle, la charte qui lui donnait un riche douaire et c'est pourquoi nous retrouvons ce précieux document dans les archives de la chambre des comptes de Provence.

---

[1] Terrebasse, p. 71

Les terres sur lesquelles le douaire de la comtesse Agnès était constitué, étaient assez nombreuses, et leur énumération a l'avantage de nous faire connaître une partie importante des possessions des comtes d'Albon en 1070. Elles s'étendaient sur les diocèses de Vienne, de Grenoble, d'Embrun et peut-être de Die, et se prolongeaient depuis les bords du Rhône jusque dans le Briançonnais. En joignant aux localités énumérées dans notre charte, ce que nous savons, d'autre part, de l'étendue de leurs possessions dès cette époque, dans le diocèse de Gap, en Champsaur, dans la Mateysine, à Vizille, etc., nous pouvons constater que dès lors ces princes étaient de très grands seigneurs et que leur autorité s'exerçait sur une notable portion de ce qui fut plus tard le Dauphiné.